MAITRES ANCIENS et MODERNES

SOUS LA DIRECTION
de GUSTAVE GEFFROY
DE L'ACADÉMIE GONCOURT

PHILIPPE DE CHAMPAIGNE

PAR Mme STANISLAS MEUNIER

PHILIPPE DE CHAMPAIGNE

DU MÊME AUTEUR

ROMANS

La Voisine.
La Princesse ennuyée.
Fille de Roi.
Les trois Amoureux de Gertrude.
Les Fiançailles de Thérèse.
M. de Prévannes.
Plaisir d'Amour.
Le Roman du Mont-Saint-Michel.
L'impossible Amitié.
Fra Gennaro.
Pour le Bonheur.
Aimer ou Vivre.
L'eau qui dort : Confessions d'Honnêtes Femmes.
La Comédie secrète : Confessions d'Honnêtes femmes.
Le trésor des Ponthierry.
Le Désir.
L'amour miséricordieux.
La Conquête du Diamant.

DIVERS

Le théâtre de Salon.
Au Hasard du Chemin (en collaboration avec M. Stanislas Meunier).
Misère et Grandeur de l'Humanité primitive.
De Saint-Pétersbourg à l'Ararat (couronné par l'Académie française).

VIENT DE PARAITRE :

La jeune Religieuse, *roman.*

PORTRAIT DE PHILIPPE DE CHAMPAIGNE
par lui-même (Musée du Louvre).

F.

MAITRES ANCIENS ET MODERNES

SOUS LA DIRECTION DE

GUSTAVE GEFFROY, DE L'ACADÉMIE GONCOURT

PHILIPPE
DE
CHAMPAIGNE

PAR

Mme STANISLAS MEUNIER

AVEC UNE PRÉFACE DE GUSTAVE GEFFROY

ÉDITIONS NILSSON

8, RUE HALÉVY, 8

PARIS

PRÉFACE

PRÉFACE

POUSE d'un savant renommé, une des lumières de la géologie portant ses rayons dans les masses obscures de la terre et de la pierre, Mme L. Stanislas-Meunier est une femme savante. Mais elle ne l'est pas à la façon de ces insupportables Philaminte et Armande, que Molière a justement fustigées dans sa vive comédie. Elle ne montre ni ne cache son savoir, il est naturellement incorporé à sa pensée, et c'est le plus simplement du monde qu'elle dispense à tous, sans pédantisme, ce qu'elle a appris sans peine. Le titre d'un livre qu'elle a composé et écrit en collaboration avec son mari me semble significatif de sa tranquille manière d'être : *Au hasard du chemin*. C'est ainsi, en effet, qu'elle ramasse des cailloux et qu'elle cueille des fleurs, qu'elle admire les verdures et les nuages, les aurores et les crépuscules. Elle n'a pas haussé le ton, mais elle s'est trouvée à l'unisson de ce grand sujet lorsqu'elle a exploré le passé d'avant l'histoire avec *Misère et grandeur de l'humanité primitive*. De même elle a continué la conversation avec ses lecteurs lorsqu'elle leur a raconté ses impressions de voyage : *De Saint-Pétersbourg à l'Ararat*.

Une telle femme de lettres devait écrire des romans. Elle n'a pas failli à cette destinée. Elle a publié des romans historiques, le *Roman du Mont-Saint-Michel*, au magnifique décor jailli du rocher ; *Fra Gennaro*, qui met en scène la dureté calviniste ; *Pour le bonheur*, où le dénouement est farouchement éclairé par les feux de la Commune. Elle a publié des romans de sentiment et d'aventure : *La Princesse ennuyée*, *Plaisir d'amour*, *Aimer ou vivre*, *Le Trésor des Ponthierry*. Elle a publié des études psychologiques, *L'Eau qui dort*, et *La Comédie secrète*, sous le titre général de *Confessions d'honnêtes femmes*, deux livres qui auraient suffi à faire la renommée de quelque audacieux et subtil écrivain. Enfin, elle a publié un roman : *La Conquête du Diamant*, qui est un conte philosophique où tourbillonnent les folies et les fantaisies humaines.

Et comme il lui était demandé d'écrire, pour cette collection des « Maîtres anciens et modernes », une monographie d'artiste, elle a hardiment choisi la grave et sereine histoire de Philippe de Champaigne, le portraitiste de Richelieu, des Messieurs, des Mères et des Sœurs de Port-Royal. Le sujet peut paraître rébarbatif, il ne l'est pas avec Mᵐᵉ Stanislas-Meunier, parce qu'elle a le don d'animer les documents aussi poussiéreux qu'ils soient, d'en extraire la vie du passé, de la faire aussi présente que la vie d'aujourdhui. Autour de son peintre, homme de tranquille et sévère métier, portraitiste ponctuel dont le talent atteint souvent au style, elle a rassemblé ses modèles. Elle a peu de goût pour la morosité de Port-Royal, et pour un peu elle se laisserait aller à prendre parti pour les Jésuites contre les Jansénistes. Elle dit peut-être vrai lorsqu'elle relève le caractère fantastique d'accusations contre la compagnie de Jésus, mais elle devrait avouer qu'ils les ont attirées au moins par leur système de morale, d'où découle leur enseignement. Pascal, ici, est terriblement gênant pour ceux qui sont tentés de défendre les Pères contre les Messieurs : il a cherché et trouvé ses arguments de moralité chez les Jésuites eux-mêmes, et on ne peut l'accuser d'avoir dissimulé les documents et falsifié les citations. Sa démonstration a la rigueur des théorèmes, elle est claire et éloquente comme son style.

A part cette querelle immortelle, le débat théologique apporté par les gens de Port-Royal peut nous laisser indifférents, malgré les sept volumes de Sainte-Beuve, si bien criblés de flèches par Balzac, et Mme Stanislas-Meunier a beau jeu, tout en respectant les personnages respectables, à exercer à leurs dépens la malice naturelle qui est en elle, qui court comme une légère brise entre les lignes de la plupart de ses pages. J'avoue, toutes opinions laissées de côté, aimer cette liberté d'appréciation, qui n'a d'ailleurs aucune morgue, aucune pesanteur. Elle donne son avis sans trop prendre la peine de le motiver, mais sans insister davantage pour le faire accepter, et son lecteur se trouve aussi libre qu'elle. Ce sont des modèles de résumés que ses portraits, plus ou moins appuyés, de Richelieu, de Louis XIII, des Arnauld, de Saint-Cyran, de Jansénius, de Singlin, d'Antoine le Maître, de Le Maître de Saci, du duc de Roannès,

de la mère Angélique, du cardinal de Retz, de
M. de Péréfixe, et tous ceux qu'elle rencontre dans
les ateliers de son peintre. Pascal n'y vient pas, et
elle esquive cette figure qu'elle avait peut-être le
désir d'aborder.

Au milieu de ce monde si intéressant, Philippe
de Champaigne est parfait de vérité, de conscience,
de talent sérieux. On l'estime encore davantage
après avoir lu le livre de Mme Stanislas-Meunier, qui
dit sur lui tout ce qu'on en peut savoir et deviner.

Gustave GEFFROY.

PHILIPPE DE CHAMPAIGNE

I

HILIPPE DE CHAMPAIGNE est né à Bruxelles, le 26 mai 1602. Comme l'indique son nom, que plusieurs de ses contemporains écrivent *Champagne*, ce qui en marque la prononciation, sa famille était d'origine française, de Reims probablement. Félibien (1) nous dit qu'on y était gens de bien et de fortune médiocre. Dès son plus jeune âge, Philippe manifesta pour la peinture un goût presque exclusif. Son père, excellent homme, ne contraria pas cette vocation, tout en regret-

(1) *Entretiens sur la vie et sur les ouvrages des plus excellents peintres.* Amsterdam, 4 vol. in-12.

tant de ne pas lui en voir une autre. Il le fit étudier chez de bons maîtres, Jean Bouillon, Michel Bourdeaux, Jean Fouquières. Il songea même à l'envoyer à Anvers, près de Rubens. Mais les leçons auraient coûté cher : Philippe, qui avait alors dix-neuf ans, ne voulut pas imposer aux siens ce sacrifice pécuniaire. D'ailleurs, il désirait voir l'Italie, et Paris, en passant.

Il alla se loger au collège de Laon, dans le bas de la Montagne Sainte-Geneviève, où il rencontra Nicolas Poussin. Ils étaient bien faits pour s'entendre, ils devinrent amis. Poussin demanda un tableau à Champaigne, qui lui donna un paysage.

Poussin travaillait au Luxembourg. Il y introduisit Champaigne. Duchesne, peintre de Marie de Médicis, dirigeait la décoration de ce beau palais italien. Claude Maugis, abbé de Saint-Ambroise, remarqua les tableaux que le jeune Flamand avait exécutés dans la chambre de la reine. Félibien dit que Duchesne se montra jaloux et que Champaigne, qui avait le caractère pacifique, quitta la place et retourna à Bruxelles, pour revoir sa famille, avec l'intention de se rendre en Italie après cette visite. Mais, à peine arrivé, il reçut une lettre de l'abbé de Saint-Ambroise qui l'avertissait de la mort de Duchesne et de la possibilité de lui succéder. Plus tard, Philippe reconnaissant fera le portrait de ce protecteur. Il revint en hâte à Paris (1628) et y resta. Il n'avait pas été à Anvers, il n'alla pas en Italie. Il ne

LE VŒU DE LOUIS XIII

(Musée de Caen).

reçut aucune influence ni des maîtres flamands, ni des maîtres de la Renaissance. Il ne s'inspira que de son génie, de la nature française, des visages français. Non qu'il eût l'orgueil de se croire supérieur. Tout simplement, son travail le dirigeait, l'emportait. Pour le réaliser en conscience, il étudiait tout ce qu'il fallait : la nature et la perspective, comme le remarque Félibien ; la nature, avec l'anatomie poussée très loin; et certainement, l'histoire — l'histoire sainte et la mythologie, celle-ci pour les allégories, où, d'ailleurs, il ne mit jamais que des déesses aussi pudiquement vêtues que celles d'Homère.

Le voici donc de nouveau au Luxembourg, où Marie de Médicis lui donna bientôt la place et le logement de Duchesne, avec 1.200 livres d'appointements. A la fin de l'année, il épousa la fille aînée de son prédécesseur, ce qui était une manière charmante de consoler une famille éprouvée et de lui venir en aide.

Philippe de Champaigne aurait été parfaitement heureux, sans la mort. Elle lui enleva sa femme au bout de dix ans d'une union parfaite. Plus tard, elle le frappera dans ses enfants. Il en avait trois, dont sans doute prirent soin sa belle-mère et ses belles-sœurs.

En même temps qu'au Luxembourg, la reine l'employait aux Carmélites de la rue Saint-Jacques (n° 60). De ce couvent, où La Vallière expia si longuement son amour, il ne reste que les murs de son oratoire dans lesquels on a mis une chambre d'appartement bourgeois. Philippe peignit en trompe-l'œil la voûte de l'église, au centre de laquelle une croix semblait plantée verticalement. Il se fit aider dans cette décoration, mais plusieurs tableaux : *La Nativité de Jésus, L'Adoration des Mages, La Purification de la Vierge*, furent entièrement de sa main, paraît-il. Et qu'importe, puisque tout a disparu. Il faudra faire cette constatation pour l'ensemble de tous ses grands travaux dans les édifices, sauf pour l'église de la Sorbonne.

La reine mère voulut aussi qu'il embellît de ses œuvres l'église des Filles-du-Calvaire, située rue de Vaugirard, sur l'emplacement du musée actuel de peinture contemporaine.

Rubens et Fouquières travaillèrent au Luxembourg avec Philippe de Champaigne. Les toiles de Rubens furent transportées au Louvre, mais les peintures murales disparurent lorsque fut changée la disposition intérieure des appartements.

En 1630, au cours d'une grave maladie, Louis XIII fit le vœu de consacrer son royaume à la Vierge, s'il recouvrait la santé ; et, en 1634, Philippe de Champaigne recevait la commande d'un tableau commémorant l'accomplissement de la promesse. Mis d'abord à Notre-Dame, il est maintenant au musée de Caen, riche aussi d'une tête de *Christ*, de *L'Annonciation*, de *Jésus et la Samaritaine*, cette dernière toile une des plus remar-

JÉSUS ET LA SAMARITAINE

(Musée de Caen).

quables de notre peintre, à cause de la beauté de la
femme, de la douce autorité de Jésus et du piquant
que donnent à la scène les commentaires évidents de la
troupe de disciples en marche vers les interlocuteurs.

Dans *Le Vœu*, on est au sommet du Calvaire, au pied
de la croix. Jésus gît, la tête et le torse appuyés au
bois du supplice et aux genoux de sa mère. Le superbe
corps est celui d'un jeune homme endormi. Seules, les
marques des clous et de la lance, la couronne d'épines
et les tenailles sur le rocher, rappellent la Passion.
Marie, très belle, très calme, regarde le roi qui, agenouillé,
lui présente sa couronne et son sceptre. Il a le grand manteau d'hermine et de velours bleu fleurdelysé d'or. Dans
le ciel, une demi-douzaine de petits anges, jolis et délu-
rés comme des Amours, s'intéressent au spectacle que,
nous autres, nous ne pouvons nous empêcher de rap-
procher du tableau d'Ingres. C'est le même manteau,
le même geste du roi, que Champaigne nous présente
aux trois quarts, de face, tandis qu'Ingres le présente
aux trois quarts, de dos, donnant ainsi une importance
magnifique et excessive au manteau. Ingres a voulu
que ce fût une glorieuse Vierge à l'Enfant qui reçût le
royal présent et sa pensée est plus compréhensible que
celle de Champaigne dont le Christ mort, vigoureuse-
ment charpenté, fait avec le roi en hermine, en velours
et en or, un assez singulier contraste.

En 1633, Philippe de Champaigne avait déjà reçu une

commande du roi : *La Remise de l'Ordre du Saint-Esprit à M. de Longueville.* Ce tableau eut deux répliques de la main du maître, l'une pour M. de Bouillon, l'autre pour M. de Bouthillier, qui faisaient également partie de l'Ordre. Il y a au musée de Versailles un beau portrait de M. de Bouthillier, avec la plaque du Saint-Esprit sur son manteau. Ces tableaux furent admirés, car Louis XIV tint à avoir le même sujet avec Monsieur (son frère) pour héros. L'original est probablement dans un musée de province, mais il y en a une bonne copie au musée de Versailles, qui nous fait assister à cette cérémonie dont on peut voir à Cluny les pompeux accessoires, manteaux et différentes autres pièces du costume. La chambre est tendue de bleu semé de lys d'or, le panneau du milieu portant au centre un Saint-Esprit entouré de rayons. Six personnages : le roi, le récipiendaire à genoux, quatre chevaliers. Le roi et ses acolytes sont couverts d'un grand manteau bleu laissant voir la doublure d'un beau jaune orange. Le roi est coiffé d'une toque noire ornée d'une plume blanche et d'une chaîne d'or ; il a un rabat de dentelle. Les chevaliers, tête nue, ont le cou guindé dans de grosses fraises tuyautées. Monsieur, en manteau bleu court, qui laisse voir ses jambes aux bas de soie blanche, pose les mains sur le livre des Évangiles que lui présente Louis XIV.

Peintre du roi, peintre de la reine mère, Philippe de Champaigne le fut aussi de M. le Cardinal. Richelieu

PORTRAIT DE RICHELIEU

(Musée du Louvre).

avait le goût du bâtiment, et Champaigne eut fort à faire pour lui dans ses nombreuses résidences : au Petit-Luxembourg, aux châteaux de Rueil et de Richelieu, et surtout au Palais Cardinal.

« Tout Flamand qu'il fût, nous dit Sauval (1), le cardinal l'avait toujours préféré à nos autres peintres français... Ce naturel si posé, sa discrétion, sa retenue le charmaient bien autant que la facilité de son pinceau... En un mot, c'était l'Apelle de cet Alexandre. »

Philippe de Champaigne travailla aux deux grandes galeries qui aboutissaient à la chambre du ministre, celle des Objets d'Art et celle des Hommes Illustres. On admirait dans la première une scène allégorique, naïve à force d'orgueil, que le graveur Morin nous a conservée. Richelieu, en petit costume, surplis, camail et bonnet carré, est assis sur un trône élevé, à droite duquel sont Minerve, avec l'égide, et la Justice qui, de la main droite, tient le glaive, de l'autre s'appuie sur un écusson aux armes du cardinal ; à gauche, une femme, avec une couronne sur le chignon et un manteau d'hermine, la France sans doute, offre des armes, une couronne d'or, une couronne de laurier. Dans les airs, un génie ailé apporte des couronnes. Philippe de Champaigne est incapable d'une malice ; autrement, on le

(1) *Recherche des Antiquités de Paris.* Paris, 1724, 4 vol. in-folio, liv. VII.

soupçonnerait d'avoir donné exprès l'air quelque peu effaré à son héros, surpris, dirait-on, de se trouver parmi tant de déesses, à la vérité fort chastes.

Champaigne et Vouet rivalisèrent dans la galerie des Hommes Illustres. Richelieu avait choisi lui-même les vingt-cinq personnages qu'il voulait honorer : **Suger,** Simon de Montfort, Duguesclin, le comte de **Dunois,** Jeanne d'Arc, Louis de La Trémouille, **Gaston de** Foix, Henri IV, Marie de Médicis, Richelieu, Louis XIII, Anne d'Autriche, Gaston d'Orléans, etc.

Nous savons à peu près quelle fut la part de notre peintre dans ces tableaux. Sauval dit qu'il s'entoura de tous les documents possibles, qu'il s'adressa à Porbus pour Henri IV, à Van Dyck pour Marie de Médicis, à Raphaël pour Gaston de Foix, « et remua les cabinets les plus célèbres », — tandis que Vouet travaillait *de chic*, comme on dit aujourd'hui. Deux mémoires trouvés par Victor Champier (1), dans les papiers de Le Masle, sont encore plus intéressants que les renseignements de Sauval :

« Some des portrets faicts en la gallerie de l'Hôtel de Richelieu, pour le compte de Monseigneur, par Philippe de Champaigne :

« 1° Le portret du Roy, grans comme le naturel, accompagné d'une Victoire, pour ce, 150 livres ;

(1) Le *Palais Royal, d'après les documents inédits.* Paris, 1 vol. in-4°.

LE CARDINAL DE RICHELIEU

d'après Morin.

(Cabinet des Estampes)

33-34.

« 2º Plus le portret de la Reyne-mère du Roy, pour
ce, 50 livres ;

« 3º Plus le portret de la Reyne régnante, pour ce,
50 livres ;

« 4º Plus le portret du Roy défunct, pour ce, 50 livres;

« 5º Plus le portret de la pusselle d'Orléans, pour
ce, 50 livres. »

Et encore :

« Mémoire des portrets de Monseigneur le Cardinal,
duc de Richelieu, faicts par Philippe de Champaigne,
pour le compte de mon dict seigneur :

« 1º Portret de Monseigneur de sa hauteur, tout cou-
vert de broderies, 150 livres ;

« 2º Plus un autre portrait de la même hauteur,
vestu d'une simarre de satin noir, 150 livres ;

« 3º Plus un autre de la même mesure, vestu d'un
habit de campagne écarlate, 150 livres ;

« 4º Plus un autre portret grand comme le naturel,
assis avec le rochet et le camail, 150 livres. »

Ce dernier est peut-être celui si fin et si expressif
que l'on voit dans l'œuvre de Morin.

Ni le portrait du Louvre, ni celui de Versailles, ni
ceux de la *National Gallery*, ne répondent à rien de ce
signalement.

C'est, au Louvre, le prince de l'Église dans la pourpre
de la *capa magna*, ce manteau énorme qui se déploie
dans les cortèges sur une longueur de plusieurs mètres

derrière les cardinaux. On ne voit pas cette queue dans le tableau, mais le peintre y a trouvé la matière des plus beaux plis. Le rouge est franc, quoique refroidi par un givre de touches blanchâtres. Malgré la place qu'il tient, on va tout de suite au visage et l'on trouve la tête un peu petite. Effet de contraste, sans doute, avec la masse du vêtement, car Champaigne savait prendre ses mesures. Le front, dans ce mince visage, en dit long : il est vaste, légèrement bombé, comme gonflé de pensée, avec les rides peu nombreuses mais profondes de la contention d'esprit. Le génie habite ce front : comment l'artiste le révèle-t-il?... Comment, dans un portrait de religieuse (l'un de ceux de la mère Angélique, vers 1648, collection Gazier), à mi-corps, les mains cachées sous le scapulaire, le visage strictement encadré par le bandeau et par la guimpe, droite, de face, sans sourire et sans tristesse, comment ce portrait vous fait-il pénétrer jusqu'à l'âme ardente et obstinée de cette réformatrice ?...

Quant à Richelieu, débarrassez-le de la pourpre cardinalice et voyez-le dans l'armure qu'il mettait au siège de La Rochelle, vous aurez l'un de ces jolis cavaliers qui, dans *les Trois Mousquetaires*, évoluent autour d'Anne d'Autriche. Mais sa vraie place est dans son costume d'apparat, avec le Saint-Esprit au cou, la barrette à la main, la calotte rouge à peine indiquée sur ses cheveux grisonnants, le surplis blanc se déga-

LOUIS XIII COURONNÉ PAR LA VICTOIRE

'(Musée du Louvre).

37-38

geant du manteau au côté droit. Bien que sa vie n'ait pas eu l'entière pureté dont le prêtre fait vœu, il fut un véritable homme d'église, ferme sur la théologie, qui mourut pieusement, comme il aurait dû vivre.

Le portrait de Versailles est à mi-corps, avec de l'hermine au manteau rouge. Les cheveux sont plus blancs; il y a peut-être plus de vivacité dans la physionomie.

Dans toutes les histoires, après avoir parlé de Richelieu, on parle de Mazarin. Philippe de Champaigne, dans le portrait gravé par Morin, lui a donné une physionomie bien différente de celle exprimée par les autres peintres. Ce Mazarin-là, qui a la mine sévère, une grosse moustache taillée en brosse, est bien le vainqueur de la Fronde, l'homme qui ordonnait durement à la reine, son épouse, de se taire. Ici encore, le peintre a vu le fond de l'homme et l'a peut-être trop fidèlement rendu.

Au Louvre, Louis XIII, échappé sans dommage de la Galerie des Hommes Illustres, comme le superbe Gaston de Foix qui est à Versailles, Louis XIII est en pendant avec Richelieu. Point de caractère, expression nulle. C'est le portrait ennuyeux d'un roi ennuyé, que n'égaye point la Victoire flottant à son côté. Il a une perruque noire, des traits réguliers, une bouche sensuelle, une légère armure d'un bleu noirâtre toute parsemée de fleurs de lys d'or, un col de dentelle, une écharpe sur le cordon bleu, une épée à poignée d'or, une canne sur laquelle il s'appuie et de souples bottes molles à éperons d'or. Des gantelets, un casque emplumé sur une table couverte d'une étoffe rouge, un rideau rouge qui se relève pour laisser voir un paysage maritime, limité par des ondulations de terrain, — le port de La Rochelle, avec la tour de la Lanterne, la tour de la Chaîne, la tour de l'Horloge. Le peintre n'a rien épargné pour donner de l'intérêt au tableau, qui commémore par son arrière-plan un événement marquant l'une des étapes vers l'unité de la France. L'un de ces Grands qui ne se sentaient pas la tête solide sur les épaules, depuis que Richelieu gouvernait, disait : « Nous serons si sots que nous prendrons La Rochelle. » C'était l'une des places fortes données, entre autres avantages, aux protestants par l'Édit de Nantes, avantages que Saint-Simon faisait valoir au Régent pris de vélléités antipolitiques : « Je lui fis sentir ce que c'était, dans les temps les moins tumultueux et les plus supportables, que des sujets qui, en changeant de religion, se donnaient le droit de ne l'être qu'en partie ; d'avoir des places de sûreté, des garnisons, des troupes, des subsides, des cours de Justice érigées exprès pour leurs affaires, même avec les catholiques, des chefs élus par eux, des correspondances étrangères, des députés à la cour, sous la protection du droit des gens ; en un mot, un État dans l'État. »

LE CARDINAL MAZARIN

d'après Morin.

(Cabinet des Estampes).

41-42

Richelieu eut son monumental tombeau dans l'église de la Sorbonne, qu'il avait commencée et qui ne fut achevée que onze ans après sa mort.

Il avait chargé son cher Philippe de Champaigne d'en décorer la coupole. L'artiste y fit s'envoler des anges sur un fond d'or et mit aux quatre pendentifs : saint Jérôme, saint Ambroise, saint Léon, saint Augustin. L'œuvre subsiste, mais les pendentifs commencent à se dégrader, et les peintures de la coupole sont si haut que l'on n'en voit que les dorures, des ailes, des draperies.

Le Luxembourg, à la mort de Marie de Médicis, avait passé à son fils Gaston. Champaigne continua d'y demeurer jusqu'à l'arrivée de la duchesse. Il alla alors habiter une maison qu'il avait dans l'Ile Notre-Dame. « Les premiers tableaux qu'il y fit, dit Félibien, furent ceux de la chapelle de M. Tubeuf, rue Saint-Honoré, aux Pères de l'Oratoire. » Champaigne a fait le portrait de ce riche M. Tubeuf, que possède le musée de Versailles. Puis, Anne d'Autriche le chargea de peindre, dans son appartement du Val de Grâce, différents épisodes de la vie de saint Benoit et une suite de figures représentant les reines canonisées. « Sa Majesté prenait plaisir à le voir travailler, quand elle allait à ce monastère. » D'après Guillet de Saint-Georges (1), il fit encore au

(1) *Mémoires inédits sur la Vie et les Ouvrages des Membres de l'Académie de Peinture*, Paris, 1854.

Val de Grâce un tableau représentant Madeleine aux pieds de Jésus, chez Simon le Pharisien. Tout porte à croire qu'il s'agit là de l'œuvre qui est au Louvre, une des plus belles compositions de Philippe de Champaigne,

La scène se passe dans la vaste salle d'un palais, dont on voit le portique. Les convives sont sur des lits. Au premier plan, Jésus et son hôte, beau vieillard à longue barbe ondulée. Simon s'étonne du geste de la pécheresse en pleurs qui vient de répandre le parfum sur les pieds du Christ et les tient embrassés. Jésus, du geste, défend et même approuve la triste créature : « Vous aurez toujours des pauvres parmi vous, mais moi, vous ne m'aurez pas toujours. »

Ce fut peut-être dans cette période de sa vie que Philippe de Champaigne reçut pour Notre-Dame la commande de *La Nativité* et de *La Présentation au Temple*, d'après lesquelles on exécuta des tapisseries qui ne sont pas à la cathédrale, du moins, nous l'a-t-on dit.

Celles qui furent faites d'après la légende des SS. Gervais et Protais faillirent bien être perdues à jamais. Elles avaient été jetées dans un grenier où des maçons s'apprêtaient à en faire une auge lorsqu'on les leur enleva. C'est une œuvre des Gobelins, que l'on peut voir au musée Galliera. Quant aux tableaux qui leur servirent de modèles et qui furent peints vers 1655 : *L'Apparition de saint Gervais et de saint Protais à saint Ambroise* ; *L'Invention des corps de saint Gervais et*

JÉSUS CHEZ SIMON LE PHARISIEN

(Musée du Louvre).

de saint Protais, ils étaient encore au Louvre en 1887 (1). Ils en ont disparu, de même que deux paysages avec scènes de *La Vie des Pères du Désert* qui, ainsi que deux autres, ornaient le parloir de Port-Royal. Partis aussi les N⁰ˢ 5 et 38 de l'ancien catalogue : *L'Éducation d'Achille, Tir de l'arc* et *Course de chars.* Ces toiles ont enrichi des musées de province.

En 1647, « pour être en plus bel air et en repos, Philippe alla au faubourg Saint-Marceau (rue Mouffe-tard) sur la Montagne Sainte-Geneviève. » A cette époque il mit ses deux filles, alors âgées de dix ou douze ans, en pension à Port-Royal de Paris. On a dit que ce fut sur le conseil de M. de Péréfixe, évêque de Rodez. Mais Champaigne connaissait déjà la célèbre maison, ayant fait le portrait de Saint-Cyran, mort en 1643, peut-être celui de Jansénius, mort en 1638.

Notre peintre a tant et si bien travaillé pour Port-Royal que leurs mémoires sont inséparables, et qu'il faut dire ici quelque chose des religieuses et des solitaires.

(1) Catalogue de Frédéric Villot, 1885.

II

*Port-Royal, la maison du Jansénisme. — Les Arnauld. —
Portraits de Saint-Cyran et de Jansénius. — Philippe de
Champaigne n'était pas un vrai janséniste : Christ aux bras
étendus, Christ aux bras étroits. — Portraits de MM. Singlin,
Antoine Le Maître et Le Maître de Saci, du duc de Roannès,
de la mère Angélique.*

ORT-ROYAL, c'est le champ de bataille où
Jésuites et Jansénistes se firent des blessures
mortelles.

L'abbaye, fondée en 1224, près de Chevreuse, appar-
tenait à l'ordre de Citeaux. Elle compta certainement
au cours des siècles beaucoup de saintes femmes ;
mais elle avait, comme la plupart des maisons de religieuses, un mode de recrutement qui devait y amener
la dissipation et le désordre. Lorsqu'une noble famille
avait plus d'enfants que d'argent, elle plaçait les moins
jolies de ses filles au couvent, et ses cadets dans l'Église.
Ceux-ci, trop souvent, n'étaient pas des prélats édifiants,
et les religieuses combattaient les ennuis du célibat

par les plaisirs qu'elles auraient goûtés dans le monde :
bals, comédies, soupers, flirts, ou pire encore. L'abbesse
était une fort grande dame vivant dans le luxe, et les
parents qui obtenaient un pareil bénéfice pour leur fille
pensaient lui avoir donné l'équivalent d'un beau mariage.

Antoine Arnauld, excellent avocat de Paris, descen-
dant de huguenots convertis à la Saint-Barthélemy,
épousa en 1585 Mlle Marion, fille d'un avocat général.
Il plaida en 1593, au nom de l'Université, contre les
Jésuites et demanda leur expulsion. Il eut, non pas
gain de cause, mais un succès d'éloquence dont l'Université lui sut gré. Son beau-père avait auprès d'Henri IV
un crédit dont il profita pour lui demander de nommer
abbesses ses deux petites-filles, âgées, Jacqueline de
sept ans et demi et Jeanne de cinq ans et demi. Le bon
roi, qui savait à quoi s'en tenir sur les abbayes, puisque
celle de Maubuisson servait à ses rendez-vous avec la
belle Gabrielle d'Estrées, objecta seulement à son
zélé serviteur que Rome trouverait peut-être les petites
un peu jeunes. Sur quoi, Arnauld et Marion falsifièrent
les actes de naissance de Jacqueline et de Jeanne
pour y ajouter quelques années supplémentaires, et
par la même occasion, Jacqueline devint Angélique,
en l'honneur de Mme de Maubuisson, Angélique d'Estrées.
Belle marraine que cette religieuse qui se vantait crû-
ment d'avoir eu douze enfants ! On lui confia la tutelle
de la nouvelle Angélique, nommée coadjutrice d'une

ANGÉLIQUE ARNAULD

(Musée du Louvre).

51-52

vieille abbesse de Port-Royal, tandis que l'abbaye de Saint-Cyr était donnée à Jeanne.

Angélique avait dix ans lorsque la titulaire de Port-Royal mourut. Elle quitta Maubuisson et fut bénie abbesse à onze ans, le jour de sa première communion. La prieure faisait marcher la maison au point de vue matériel, et Mme Arnauld, inquiète au fond, venait souvent s'installer près de sa fille.

On était d'ailleurs moins dévergondées à Port-Royal qu'à Maubuisson. Les treize professes sortaient pour se promener avec des masques et des gants, selon la mode du jour, lisaient plus de romans que de livres pieux, mais ne commettaient point de péchés scandaleux. La petite Angélique, dont l'intelligence était grande, comprenait l'importance du rôle qui lui était dévolu, mais ne se sentait aucun goût pour la vie religieuse. Elle savait que ses vœux, prononcés avant l'âge légal, n'avaient point de valeur. Son père les lui fit renouveler par écrit.

Tel était cet homme, dont six filles furent religieuses, deux fils « Messieurs » de Port-Royal, dont quantité de petits-fils, de petites-filles, sa femme même, quand il ne fut plus, eurent la même vocation.

La Grâce frappa son coup de foudre précisément lorsqu'Angélique entrait dans cette dix-septième année qu'on lui avait si tôt attribuée. « Elle forma dès lors la résolution, non seulement de pratiquer sa règle dans toute sa rigueur, mais d'employer même tous ses efforts pour la faire observer aussi à ses religieuses... Elle fit fermer de bonnes murailles son abbaye, qui ne l'était auparavant que d'une méchante clôture de terre éboulée (1). »

Menée avec autant de prudence que de fermeté, la réforme fut si complète et si belle que le général de Citeaux envoya la jeune abbesse dans différents couvents de l'Ordre, pour les régler sur le modèle de Port-Royal. Sa sœur Jeanne, qu'elle avait retirée de Saint-Cyr, devenue la mère Agnès, l'aida dans cette entreprise dont l'épisode le plus marquant se passa à Maubuisson. Mme d'Estrées en fut chassée non sans peine, et la mère Angélique y fit la connaissance de saint François de Sales et de la mère de Chantal. Maubuisson apaisé et purifié, ce qui demanda cinq ans, elle revint à Port-Royal, où les religieuses étaient maintenant au nombre de quatre-vingts.

C'était trop de saintes filles dans un lieu dont la salubrité avait toujours laissé à désirer. Mme Arnauld, devenue veuve, acheta une maison à Paris, au faubourg Saint-Jacques (c'est aujourd'hui la Maternité), où l'on s'installa en 1626.

La première duchesse de Longueville, Louise de Bourbon, voulut, d'accord avec M. Zamet, évêque de

____

(1) Racine, *Abrégé de l'Histoire de Port-Royal.*

PORTRAIT DE SAINT-CYRAN

(Musée de Versailles).

Langres, fonder un ordre de religieuses toujours en adoration devant le Saint-Sacrement. Nommée supérieure, la mère Angélique alla se fixer dans une maison de la rue Coquillière.

Or, la mère Agnès s'avisa d'écrire *le Chapelet secret du Saint-Sacrement,* que l'évêque de Langres trouva merveilleux et que l'archevêque de Sens donna à examiner à des docteurs qui le condamnèrent. Le pape ne le censura point, mais à cause d'expressions par trop mystiques, dit qu'il valait mieux le supprimer.

Le Chapelet secret avait eu des défenseurs, entre autres Jean du Vergier de Hauranne.

Né à Bayonne en 1581, le futur abbé de Saint-Cyran avait étudié chez les Jésuites de Louvain et soutenu avec succès une thèse sur la théologie scholastique, en 1604. L'année suivante, il se rendit à Paris, où il rencontra Cornélius Jansénius, un pauvre étudiant flamand, venu en France pour raisons de santé. Ces deux jeunes gens, d'origines si différentes, avaient des esprits jumeaux. Ils passèrent cinq ans ensemble à la Sorbonne, sur les bancs de la Faculté de Théologie, non en élèves dociles, mais en critiques sévères. Puis, de Hauranne, qui était riche, emmena Jansénius dans une terre, près de Bayonne, appartenant à sa famille, et là, vivant en ermites pénitents, ils se jetèrent à corps perdu dans l'étude de saint Augustin. En 1617, Jansénius retourna à Louvain et de Hauranne obtint l'abbaye de Saint-Cyran. Une correspondance active continua de les unir. Jansénius avait lu dix fois saint Augustin, trente fois les écrits contre les Pélagiens et se croyait une réincarnation du docteur de la Grâce. Aussi, lors de deux entrevues qu'il eut avec Saint-Cyran, convinrent-ils d'un grand livre, *L'Augustinus*, en collaboration étroite, dans une correspondance à clef, pour relever une doctrine dénaturée, selon eux, par les Thomistes et les Jésuites.

Les deux amis ne s'occupaient pas que de ce travail. Jansénius lançait en 1635 un pamphlet contre la France, *Mars Gallicus*, qui, publié en français, indigna Richelieu, mais valut à son auteur l'évêché d'Ypres donné par l'Espagne. Quant à Saint-Cyran, il avait réuni plusieurs livres sous le titre de *Petrus Aurelius* qui contestaient la suprématie de Rome sur les évêques et attaquaient la Compagnie de Jésus, la grande milice papale. Il n'avait pas signé, mais tout le monde le nommait. Il inquiétait de saints amis par d'imprudentes paroles. « C'est ainsi, raconte Sainte-Beuve (1), qu'il répondait à des félicitations de M. Vincent (saint Vincent de Paul) : « Je vous confesse que Dieu m'a donné, en effet, de grandes lumières : il m'a fait connaître qu'il n'y a plus d'Église. » Un autre jour, il qualifiait le concile de Trente d'assemblée politique. Ou bien il

(1) *Port-Royal*, 7 volumes in-12, tome I, première partie.

JANSENIUS

d'après Morin.

(Cabinet des Estampes).

59-60

disait des docteurs les plus invoqués de l'École : « Ce sont eux qui ont ravagé la théologie. »

L'évêque de Langres, qui l'avait prié de prendre la direction des Filles du Saint-Sacrement, s'aperçut bientôt qu'elles avaient plus de déférence pour les avis de Saint-Cyran que pour ceux de leur fondateur. « Il entra contre l'abbé, dit Racine, dans une si furieuse jalousie qu'il ne le pouvait plus souffrir. » Saint-Cyran avait fait un intérim près des religieuses du Calvaire, dont le P. Joseph était le directeur. Elles s'engouèrent de ce remplaçant, ce qui déplut fort à l'influent capucin.

Certes, le physique de l'homme n'était pour rien dans cet ascendant sur des recluses. Philippe de Champaigne en a fait des portraits bien sincères, dont l'un est au musée de Versailles. Vaste crâne chauve, grisonnant, barbe inculte, regards scrutateurs, rusés même, laideur sans bienveillance : on dirait d'un maître d'école en surplis de prêtre. Mais non ! on le voit entrer au confessionnal, écouter les scrupules des âmes inquiètes, douloureuses, et dire pour consoler des choses nouvelles, rassurantes, en dépit du dogme épouvantable de la prédestination. Il est celui qui fait redouter et adorer Dieu, son Dieu à lui, le Dieu du bon plaisir, qui damne ou qui sauve à son gré, sans que la créature ait le droit de réclamer. Quel désintéressement dans l'amour d'un tel Dieu ! C'est la perfection, c'est l'absolu. Voilà ce que disait Saint-Cyran dans le confessionnal et dans ses *Lettres*, ce qu'il y avait dans *L'Augustinus*.

Dans son portrait, Jansénius a l'air jeune, bien qu'il porte le camail de l'évêque. Il est de profil, rareté dans l'œuvre de Champaigne. Le visage est émacié, le front haut sous le bonnet carré, la mâchoire forte ; un grand nez, un air songeur, la petite moustache et la barbiche, à la mode chez tous, cavaliers et gens d'église. C'est là un homme quelconque en qui ni le psychologue ni le phrénologue ne trouveraient le théologien forcené que fut Jansénius.

C'est qu'en effet il y a des fous qui sont comme tout le monde, qui peuvent tromper sur leur état, même des aliénistes. Il ne faut point parler sans respect de celui qui remplit bien ses devoirs dans sa courte carrière d'évêque. Cependant, on ne saurait s'empêcher de craindre qu'il n'ait perdu l'esprit à lire trente fois les écrits de Pélage et leur réfutation.

La description de ce portrait est faite d'après la belle gravure de Morin, sans nom de peintre. Il y a, au musée de Versailles, une très mauvaise peinture qui ne mérite que le grenier, où elle est. Mais la gravure eut un modèle qui ne peut être que de Philippe de Champaigne.

Pas plus que le Calvinisme, le Jansénisme ne concevait le Christ aux bras étendus pour embrasser le monde, pour sauver tous les hommes. Ils faisaient des crucifix « aux bras étroits » levés vers le ciel, comme une protestation contre les prédestinés à l'enfer. Et ils sont

ANTOINE ARNAULD

(Cabinet des Estampes).

nombreux les beaux Christ d'ivoire du xviie et du xviiie siècles qui font ce geste terrible. Les Christ de notre bon Philippe de Champaigne ont tous les bras largement ouverts. Voyez ceux du Louvre, celui de Saint-Gervais, et il y en a bien d'autres. Il avait mieux à faire que de lire l'illisible *Augustinus.* L'abbé de Saint-Cyran, la mère Angélique n'étaient à ses yeux que de saintes personnes, l'évêque d'Ypres un Flamand comme lui. Il affectionnait Port-Royal ; il a fait le portrait de plusieurs de ses religieuses, de presque tous ses solitaires. Mais il a peint aussi des Jésuites, le P. Le Moyne, un Moliniste, plaisamment pris à partie par Pascal dans la neuvième Provinciale ; il a peint Jansénius et aussi M. de Péréfixe, et aussi M. de Harlay, qui procédèrent aux exécutions de Port-Royal ; il a peint Saint-Cyran et il a peint Richelieu ; il a peint l'épiscopat et il a peint des gens de guerre et des gens de cour. Il travaillait trop pour écouter des disputes désagréables, pour se mêler des affaires des ministres. Et peut-être aussi disait-il comme Boileau : « Ah ! que Dieu est sage et que les hommes sont fous ! »

L'obscur et interminable labyrinthe de la Grâce, où Jansénius se perdait dans *L'Augustinus,* parut, phénomène bizarre, une promenade attrayante à une foule de gens, car l'édition de Louvain (1640), celle de Paris (1641), furent suivies d'une autre à Rouen en 1643. Et Rome, malgré l'alarme que sonnaient les Jésuites, ne se hâtait

pas de se prononcer. Ce ne fut qu'en 1653 que le pape
Innocent X en condamna cinq propositions, dont celle-
ci : « C'est une erreur semi-pélagienne de dire que Jésus-
Christ est mort pour tous les hommes. » Dégagées
de l'amoncellement dans lequel elles gisaient, les cinq
propositions firent pousser des cris à ceux qui se croyaient
jansénistes. Ils prétendirent que les Jesuites (les accusations contre les Jésuites sont ordinairement fantas-
tiques) avaient fait imprimer pour le pape un *Augustinus* spécial. Il n'y a pas de plus bel exemple d'un livre
mal lu. Bossuet, qui fut toujours plein de bienveillance
pour les pieux personnages de Port-Royal, disait fort
justement que les cinq propositions étaient l'âme
même du livre. Aucun des grands esprits bien équilibrés
ne s'y trompa : le Jansénisme pur, non pas le Jansénisme
mitigé, espiègle de Mme de Sévigné, était un Calvinisme avec le latin et tous les sacrements.

Après avoir tâté la force de Saint-Cyran, Richelieu
comprit qu'elle ne se mettrait pas à son service. Il
pénétra à fond ce cerveau de docteur, et ce fut certainement à son propos qu'il dit un jour : « Si l'on avait
enfermé Luther et Calvin quand ils commencèrent à
dogmatiser, on aurait évité bien des troubles aux États. »

Il enferma donc Saint-Cyran au château de Vincennes,
d'où il ne l'aurait jamais laissé sortir. L'abbé y resta
cinq ans.

Peu de jours avant son arrestation (1638), il avait

PORTRAIT PRÉSUMÉ DU DUC DE ROANNÈS

(Musée du Louvre).

67-68

appris à la fois l'achèvement de *L'Augustinus* et la mort de Jansénius. La perspective de voir paraître bientôt un ouvrage dont il avait été l'inspirateur et l'ordonnateur lui parut une grande compensation à la perte de sa liberté. Il correspondait d'ailleurs avec son parti et son cher Port-Royal, qu'il continuait de diriger.

Il lui vint un disciple sans égal, Antoine Arnauld, né en 1612, le plus jeune des vingt enfants d'Arnauld l'avocat, Antoine Arnauld que Boileau, dans l'épître qu'il lui a dédiée, appelle le grand Arnauld.

Il faudra en reparler, mais regardons dès maintenant son portrait par Philippe de Champaigne. (Il y en a un autre, très beau aussi, par Jean-Baptiste de Champaigne.) Il est à sa table de travail, la plume d'oie à la main. Il a cessé d'écrire pour réfléchir ou pour écouter un interlocuteur ami, son peintre peut-être. Il a une calotte noire sur la tête, un grand front agrémenté d'une mèche de cheveux, marqué des rides de la pensée, un rabat de batiste sur une robe noire à bandes de fourrures. « C'était un petit homme noir et laid. » Ce petit homme, Champaigne l'a fait simple et majestueux ; les grands yeux sont doux, le nez, la bouche d'un dessin correct. Sans les mots méchants, on ne penserait pas que cet homme-là fût laid.

Richelieu mourut le 4 décembre 1642. Mais Saint-Cyran, bientôt remis en liberté, ne lui survécut que de quelques mois. Il expira le 11 octobre 1643 et tout de suite on travailla à en faire un saint. M. de Bascle, l'un des solitaires du Port-Royal, perclus au point de ne marcher qu'avec des béquilles, ayant baisé les pieds du défunt, fut instantanément guéri. On dépeça le corps pour en tirer des reliques. Port-Royal eut les entrailles; M. d'Andilly, le cœur; M. Le Maître, les mains. Le reste fut enterré à Saint-Jacques du Haut-Pas, dans l'enceinte du chœur, où l'avaient conduit tous les prélats qui se trouvaient à Paris. On disait sur son tombeau des messes en blanc, comme s'il était déjà au rang des bienheureux.

Dans l'amusante et terrible critique que Balzac a faite, dans la *Revue Parisienne* (1), du *Port-Royal* de Sainte-Beuve, il tance vertement « l'entêtée, vaine orgueilleuse, ennuyeuse famille des Arnauld, dupée et dupeuse » et traite Saint-Cyran d' « hypocrite », de « Cromwell religieux ». Balzac est cruel et pas tout à fait juste. L'hypocrite-type, c'est Tartufe qui s'affuble de religion pour épouser la fille, tout en convoitant la mère. Saint-Cyran et les Arnauld n'épousent que leur labeur énorme et stérile; hypocrites cependant, parce qu'ayant toujours à la bouche le grand mot d'humilité, ils se croient supérieurs à tout, même à l'autorité de l'Église; parce qu'ils disent, comme le Pharisien : « Seigneur, je vous rends grâces de n'être pas comme les

____

(1) *Lettres sur la Littérature, le Théâtre, les Arts*, 10 août 1840,

autres hommes, qui sont menteurs, fourbes, adultères »;
parce qu'ils se réjouissent du mal qui arrive à leurs
ennemis, soupçonnant tout ce qui ne pense pas et ne vit
pas comme eux, de n'avoir pas reçu la faveur de la
Grâce. La mère Angélique écrivait, à propos de la reine
de Pologne, son amie : « Les rois et les reines sont
des néants devant Dieu, et la vanité de la condition
attire plutôt son aversion que son amour. *Ils naissent
doublement enfants de la colère*, n'y ayant presque
aucune princesse en qui l'esprit et la grâce de Dieu
se fassent paraître (1). » Quel vinaigre !

Non contente d'avoir des femmes religieuses à Port-
Royal, la famille Arnauld ajouta au couvent une annexe
extérieure, « un ermitage », où se retirèrent d'abord
trois frères, petits-fils d'Arnauld l'avocat : MM. Antoine
Le Maître, de Séricourt, Le Maître de Saci. Ce dernier
a traduit le Nouveau Testament, puis l'Ancien,
quand il fut à la Bastille. Ils furent rejoints par M. de
Bascle, dom Claude Lancelot, l'auteur du *Jardin des
Racines Grecques* ; par d'autres encore. Ces *Messieurs*
avaient pour directeur M. Singlin, supérieur des religieuses, homme éminent, grand prédicateur, qui fut
pour beaucoup dans l'évolution de Pascal. On jeû-
nait, on psalmodiait, on observait le silence dans cette
Thébaïde parisienne. Philippe de Champaigne a fait

(1) *Mémoires pour servir à l'Histoire de Port-Royal*, Utrecht.
1742.

le portrait de M. Singlin, de même que ceux d'Antoine Le Maître et de Le Maître de Saci. Les deux frères se ressemblent avec une physionomie pleine de vivacité, de beaux yeux, des rides sur le front indiquant l'effort. M. de Saci est au Louvre, dans la salle des petits maîtres flamands.

Saint-Cyran à Vincennes, on tracassa les solitaires. L'archevêque leur fit dire de quitter leur petit logis par convenance pour les religieuses. Ils objectèrent inutilement qu'il n'y avait aucune communication entre les deux maisons, et s'en allèrent à Port-Royal-des-Champs, où ils s'installèrent dans une ferme appelée Les Granges.

Quant aux religieuses, elles avaient changé d'habit, ce qui n'est pas un petit événement pour des femmes, mêmes recluses. Celles de Port-Royal, qu'on avait envoyées rue Coquillière, se trouvant délaissées par M. Zamet et ayant perdu la duchesse de Longueville, leur bienfaitrice, obtinrent de retourner à Port-Royal, tout en maintenant l'Institut du Saint-Sacrement. Elles gardèrent la robe blanche et le voile noir des Bernardines, mais prirent un scapulaire blanc marqué d'une grande croix rouge. On les appela les Filles du Saint-Sacrement.

Port-Royal-de-Paris était à son tour devenu trop étroit pour les religieuses de plus en plus nombreuses. La mère Angélique en emmena une partie à Port-Royal-

Photo Giraudon.

LA MÈRE AGNÈS ET LA SŒUR CATHERINE DE SAINTE SUZANNE, FILLE DE
PHILIPPE DE CHAMPAIGNE

(Musée du Louvre).

des-Champs, sans doute à la grande satisfaction des solitaires. Le duc de Luynes et sa première femme se firent construire un petit château, où ils se préparaient à mener une vie pénitente, lorsque la pieuse duchesse mourut en couches, à l'âge de vingt-six ans. Le duc et la duchesse de Liancourt firent aussi bâtir, avec le concours de MM. du Plessis-Guénégaud et de Pontis, un magnifique logis, dans la cour extérieure, en dehors de la clôture. C'était le logement des *Messieurs*. Il y avait en outre de petits appartements, où s'arrêtèrent Pascal, Racine, Boileau, le cardinal de Retz. Une partie était réservée aux grandes dames qui voulaient vivre là pieusement, et à des visiteuses comme Mme de Sévigné.

Cependant, l'orage grondait sur la tête des religieuses et des solitaires. Arnauld venait de publier *La Fréquente communion*, première attaque avant *Les Provinciales*, contre la morale relâchée des Jésuites, qui distribuaient trop libéralement le pain des anges. Les gens austères n'étaient pas les seuls à se scandaliser du mélange de piété excessive et de légèreté de prétendus fidèles. Mme de Sévigné, parlant d'une « petite personne » éventée qui communiait tous les jours, s'écriait : « Quelle profanation ! » Le livre d'Arnauld désapprouvait les absolutions précipitées « qu'on ne donne que trop souvent à des pécheurs envieillis dans le crime, sans les obliger à quitter leurs mauvaises habitudes et sans les éprouver par une sérieuse pénitence ». Le livre, soumis à l'Inquisition, en sortit indemne et le pape Alexandre VII approuva sa doctrine. Battus sur *La Fréquente communion*, les Jésuites reprirent le dessus avec *L'Augustinus*.

En 1656, l'assemblée générale du clergé rédigea un formulaire condamnant les cinq propositions, que devaient signer tous les ecclésiastiques et toutes les communautés. Arnauld protesta, justifiant le livre de Jansénius, mettant en doute que les cinq propositions y fussent. Censuré par la Sorbonne, il jugea prudent de quitter Port-Royal-des-Champs et de chercher une autre retraite.

L'arrêt eut un contre-coup retentissant, les *Lettres Provinciales* de Pascal, un fervent de Port-Royal. Comme nous n'avons de ce grand homme rien qui soit de Philippe de Champaigne, sinon la douteuse ressemblance que Charles Blanc voit de lui dans un personnage de la Cène, nous ne nous en occuperons pas, d'autant que seulement y toucher entraînerait trop loin. Mais il y a au Louvre un portrait de son tendre et fidèle ami, le duc de Roannès, qui s'occupa, plus que tout autre, de la publication des *Pensées*, après en avoir fait la révision et le classement dans l'amas confus des notes. Philippe nous le montre à mi-corps, dans la force de l'âge, brun de cheveux et de barbe, beau, fin et élégant sous le manteau d'où sortent de grosses manches

Photo Giraudon.

PORTRAIT D'UNE PETITE FILLE

(Musée du Louvre).

blanches. Sa belle main s'appuie sur une pile de livres d'où se détache une page manuscrite. Au fond, paysage de ruines et de montagnes.

Il était question d'ôter aux religieuses leurs novices et leurs pensionnaires ; aux solitaires, les Petites Écoles, où ils enseignaient avec des méthodes remarquables, lorsqu'un miracle dont fut favorisée l'une des petites filles, précisément nièce de Pascal, fit un bruit tel qu'on laissa pour un moment tranquille le monastère où s'était accompli un si grand événement. Il faut lire dans Racine le récit de ce miracle de la Sainte-Épine, dans les termes mêmes dont on se servirait à Lourdes, la description affreuse et détaillée du mal instantanément guéri.

En 1660, la soumission au formulaire n'était pas encore exigée. Mazarin se mourait et les Jansénistes concevaient de sa disparition un espoir de tranquillité. Ils ne connaissaient pas le caractère du jeune roi qui, dans l'assemblée générale du clergé, déclara que sa conscience, son honneur de roi et le bien de l'État exigeaient l'anéantissement du Jansénisme. L'assemblée entra délibérément dans ses vues, et la signature fut rendue immédiatement obligatoire, même pour les maîtres d'école et de collège. En réalité, Port-Royal seul était visé. On fit d'abord sortir les pensionnaires, les postulantes et les novices. M. Singlin, contre qui il y avait une lettre de cachet, se retira avant qu'elle l'eût touché. On donna aux religieuses un autre supérieur, M. Bail, d'autres confesseurs. Comme on s'y attendait, elles refusèrent de signer.

La mère Angélique mourut le 6 août 1661. C'est une grande figure dont deux fois, au moins, Philippe de Champaigne a rendu l'expression si profondément pensive. Dans le portrait du Louvre, elle est assise dans un fauteuil rustique, tournant le dos au paysage de Port-Royal-des-Champs. Elle a des mains admirables, délicates, petites, qui n'eurent jamais rien à faire avec les œuvres serviles, qui ne firent qu'écrire, porter la crosse, se lever vers le ciel. La droite est posée sur le bras du fauteuil, la gauche tient un livre. Le voile noir, la robe de lourde laine blanche, la croix écarlate sont parties essentielles de cette femme qui, malgré ses grands yeux songeurs, la seule beauté de son visage, serait sans eux inexistante. Ce portrait fut fait à la fin de sa vie, et le peintre y a même ajouté la date de sa mort.

Des mois, des années même passèrent en longs interrogatoires des religieuses. C'étaient de continuelles discussions sur le *fait* et sur le *droit*. Malgré leur subtilité, ou plutôt à cause de cette subtilité, elles avaient tort, puisque, religieuses, elles devaient se soumettre aux bulles du pape, aux mandements des évêques. Mais aussi le pouvoir voulait avoir trop raison, ce qui est une faute, et une cruauté, quand la persécution en est le résultat.

Photo Giraudon.

LA VIERGE ET L'ENFANT

(Cabinet des Estampes).

Ce fut pendant ces examens et ces révoltes qu'eut lieu, en janvier 1662, un nouveau miracle, point aussi éclatant que celui de la Sainte-Épine, mais qui eut une suite magnifique : un tableau de Philippe de Champaigne,

III

*L'ex-voto d'un miracle : portraits de la mère Agnès et de
sœur Catherine de Sainte-Suzanne. — Portraits d'enfants. —
La Femme inconnue. — Les Saintes Familles. — Le docteur
Hamon. — Arnauld d'Andilly. — M. de Paris.*

E grand homme avait, depuis une dizaine d'années, été cruellement éprouvé. Sa fille Françoise
était morte pensionnaire à Port-Royal ; son fils,
qui lui donnait les plus belles espérances, s'était tué, d'une
chute sur la tête ; et sa fille Catherine, au lieu de rentrer
dans la maison désolée, prenait le voile en 1656. Le père
avait le cœur déchiré, le chrétien ne pouvait s'opposer à
la sainte vocation. D'ailleurs, il aimait Port-Royal et on
l'y aimait, pour ses vertus et pour sa peinture, qui ne
donnait pas plus d'idées profanes que les beaux chants
sans accompagnement et sans ritournelles des religieuses. Il voyait donc sa fille, non pas autant qu'il
l'aurait voulu, mais fréquemment et longuement. Bientôt, elle lui causa encore une grande peine, en tombant
malade d'une sorte de fièvre rhumatismale qui la tenait

nuit et jour et lui paralysait tout le côté droit, de telle
sorte qu'elle ne pouvait porter sa main jusqu'à sa
bouche, ni marcher, ni se tenir debout. Ce supplice dura
quatorze mois et ne l'empêcha pas d'être questionnée,
comme ses sœurs, par M. Bail, de répondre avec autant
de fermeté que d'esprit. Enfin, la mère Agnès proposa
à la sœur Catherine de Sainte-Suzanne de faire avec elle
une neuvaine, plutôt en vue de la patience que de la
guérison. Laissons maintenant parler la jeune religieuse : « Le jour des Rois que la neuvaine devait finir,
on m'avait portée le matin à l'église pour communier,
et l'après-midi, j'entendis vêpres dans une tribune qui
est proche de la chambre où je demeure. La mère Agnès,
au sortir des vêpres, me trouva là et s'approcha de moi
pour faire sa prière, mais en la commençant, elle eut
un mouvement d'espoir de ma guérison qu'elle n'avait
pas eu de toute la neuvaine, n'ayant pas même eu
intention expresse de la demander.

« La prière étant achevée, je voulus essayer si je
n'aurais pas plus de liberté pour marcher ; mais je me
trouvai dans toute la même impuissance... Étant au
lit, j'eus plus de douleur et d'inquiétude que de coutume,
et la fièvre fut aussi plus forte ; je ne reposai presque
point ; on me leva dès le matin (7 janvier 1662), dans
une chaise, à mon ordinaire, sur les huit heures.

« Sur les neuf heures, une sœur qui me faisait la
charité de dire l'office avec moi me quitta pour aller

LA SAINTE FAMILLE

(Cabinet des Estampes).

à la grand'messe et je demeurai seule. Comme on était
à la préface de la messe, que j'entendais chanter du lieu
où j'étais, il me vint tout d'un coup la pensée de me
lever et d'essayer encore à marcher. Je me levai à
l'heure même sans aide et je commençai à marcher,
m'appuyant d'abord aux meubles et aux murailles, mais
aussitôt je sentis que je marchais avec liberté et je fus
jusqu'au bout de la chambre, sans oser néanmoins
sortir, parce que l'étonnement où j'étais me causait
un si grand battement de cœur que je ne savais ce que
j'allais devenir. Je me mis à genoux sans peine, pour
remercier Dieu et adorer le Saint-Sacrement, parce qu'on
sonna en même temps l'élévation de la grand'messe
et je me relevai de même sans difficulté... J'allai de
mon pied trouver la mère Agnès... et descendis un degré
de quarante marches, pour aller à l'avant-chœur devant
le Saint-Sacrement et devant la Crèche, pour rendre
grâces à Jésus-Christ. »

Gazier (1) dit que Philippe de Champaigne fit plusieurs études du célèbre tableau : d'abord les portraits
de la mère Agnès et de Catherine, l'une devant un Christ,
les mains jointes, avec les différentes constructions du
monastère toutes proches ; l'autre, les mains jointes
également et dans la même pose que la mère Agnès.
C'était d'une symétrie peu harmonieuse. Alors le peintre

(1) *Philippe et Jean-Baptiste de Champaigne*, Paris, 1893,
1 vol. in-4°.

imagina une composition avec le maximum de simplicité. Des murs gris : sur celui du fond s'épand une « gloire » à peine perceptible, nappe de rayons grisâtres ; au mur de droite, une croix de bois sans Christ ; pas de fenêtre. La malade est assise sur un siège de paille, les jambes allongées sur un tabouret de paille, avec coussin plat et bleu ; une autre chaise, avec un livre noir à tranche rouge. Elle a les mains jointes sur son giron, où se trouve aussi un petit objet, qui est un reliquaire. La mère Agnès est à genoux, très droite, les mains jointes. Elles ont le costume des Filles du Saint-Sacrement, le voile noir, la guimpe blanche, la lourde robe d'un blanc jaunâtre, le scapulaire à la croix écarlate. La mère Agnès, âgée, robuste, laide, a dans les yeux un rayon d'espoir aussi gris que celui de la muraille ; on la sent sévère et compatissante. La sœur Catherine, au doux visage fatigué, a aussi un sourire intérieur qui transparaît comme la petite flamme d'une veilleuse dans la tour de porcelaine blanche. Elle a une grande foi, mais non en sa guérison ; il y a même un peu de scepticisme dans son aimable expression : Dieu n'est-il pas le maître de la faire souffrir ; pourquoi la guérirait-il ?... Le peintre se conforme à son récit : tant que la mère Agnès fut là, rien de nouveau ne se manifesta. Champaigne ne se permet pas d'embellir la vérité ; il s'interdit l'extase ; la piété de ses religieuses est toujours tranquille et bienséante. La nature est une

PORTRAIT PRÉSUMÉ DE ROBERT ARNAUD D'ANDILLY

(Musée du Louvre.)

source suffisante d'émotions, inutile de recourir au mysticisme, au merveilleux. Une jeune fille malade, une vieille femme qui cherche à lui procurer du soulagement par la prière : ne voilà-t-il pas tout ce qu'il faut pour toucher ?... Afin que le miracle fût constaté pour toujours, l'heureux père fit une inscription latine, dont voici la traduction :

« La sœur Catherine de Sainte-Suzanne, atteinte d'une fièvre qui avait duré quatorze mois, qui lui avait paralysé la moitié du corps, et qui par la gravité de ses symptômes avait désespéré les médecins, s'étant mise en prières avec la mère Catherine Agnès et ayant recouvré une santé parfaite, se donne de nouveau à Jésus-Christ, unique médecin des âmes et des corps. Philippe de Champaigne a peint ce tableau en témoignage d'un si grand miracle et de sa joie, l'an 1662. »

Ce beau tableau a donné lieu à deux singulières erreurs, dont l'une grotesque et peut-être frauduleuse.

Un graveur ne s'est-il pas avisé d'étendre une vieille religieuse à la place de sœur Catherine, d'en agenouiller une jeune à la place de la mère Agnès et d'intituler le tout : *Mort de la sœur de Philippe de Champaigne*. On peut voir cette merveille de stupidité au Cabinet des Estampes, parmi tant d'admirables gravures consacrées à l'œuvre du maître.

Et voici que le récent catalogue du musée du Louvre donne aux *Portraits de la mère Catherine Agnès Arnauld et de sœur Catherine de Sainte-Suzanne, fille de Philippe de Champaigne*, la désignation de *Miracle de la Sainte-Épine.*

Il faut n'avoir lu ni Racine ni l'inscription du tableau pour commettre un pareil lapsus.

La « miraculée » de la Sainte-Épine est une enfant de dix à douze ans, « nommée Mlle Perrier, fille de M. Perrier, conseiller à la Cour des aides de Clermont, et nièce de M. Pascal. Elle était affligée depuis trois ans et demi d'une fistule lacrymale, au coin de l'œil gauche... Cette fistule était fort grosse au dehors. »

Sœur Catherine a vingt-cinq ans, ses beaux yeux n'ont pas le moindre mal, et son père dit en latin qu'elle était atteinte d'une fièvre qui lui avait paralysé la moitié du corps.

Enfin, le miracle de la Sainte-Epine eut lieu en 1656, celui de la Neuvaine en 1662.

Le portrait de Catherine nous amène à penser que Philippe de Champaigne doit en avoir fait d'autres de ses filles. Il aimait les enfants : ses angelots sont le sourire de ses tableaux de piété. Ses petits Jésus, ses petits saint Jean ont l'exubérance de ceux de Raphaël. Gazier voit l'une de ses filles dans l'enfant en bleu et blanc qui prie agenouillée : visage rond, exquis, à la bouche si mignonne, dont on peut trouver quelque chose en Catherine. Philippe a d'ailleurs fait d'après celle-ci, à l'âge de dix ans, un beau dessin qui se trouve dans une collection

Photo Giraudon.

PORTRAIT DU MÉDECIN JEAN HAMON

(Collection de l'École de Médecine).

particulière. Et *La Petite fille au faucon*, « âge cinq ans et trois mois », vêtue d'une robe or et argent, d'un tablier de satin blanc et qui a une peau si blanche, des cheveux si blonds, sortis de son béguin brodé, pourquoi ne serait-elle pas la petite Françoise qu'il s'est plu à travestir joliment ?... La grande parure peut sortir de sa palette austère, par exemple, dans ces charmants *Jumeaux de Thomassin*, dont les atours compliqués ne détournent pas l'attention de leurs frais visages aux yeux noirs, à la chevelure bouclée, aux joues rebondies, très pareils, mais non au point qu'on les prenne l'un pour l'autre.

On a dit avec raison, qu'à part quelques religieuses, Champaigne a peint très peu de femmes. On a de lui, au Louvre, une *Inconnue*, pâle, triste, attachante, à laquelle on voudrait bien donner un nom. On a prononcé celui de Mme Arnauld, sans songer que cette bonne dame, mariée en 1585, était trop âgée pour que Philippe pût en tirer ce portrait.

Quoi qu'il en soit, il a certainement peu fait de femmes de la cour et de la ville, ce que nous appelons aujourd'hui les femmes du monde. Mais il nous a donné des Vierges adorables de pureté, de jeunesse, de beauté. Où en a-t-il pris les modèles, cet élève consciencieux de la nature qui, dès son plus jeune âge, travailla d'après elle ? Sa fille Catherine l'inspira certainement plus d'une fois. Je ne sais si je me trompe, le portrait d'étude pour l'ex-voto ressemble singulièrement à la Madone, dont

L'Enfant au maillot fait penser à un Innocent de Luca della Robia, souriant.

Après le miracle de l'ex-voto, comme après celui de la Sainte-Épine, les religieuses eurent encore un répit. Le scandaleux cardinal de Retz avait dû donner sa démission d'archevêque de Paris. Il n'eut pas l'obligation et la douleur d'exécuter les ordres de Louis XIV. Il aimait la vertu sans la pratiquer et quelquefois accourait à Port-Royal pour s'y purifier. Mme de Sévigné ne tarit pas sur sa conversion. Le portrait gravé montre une figure paisible et bienveillante, quoique la bouche sensuelle soit un peu sarcastique. La tâche ingrate de sévir contre Port-Royal incomba à M. de Péréfixe, un brave homme, faible et emporté, qui disait des religieuses : « Elles sont pures comme des anges, orgueilleuses comme des démons », et s'oubliait jusqu'à en traiter une de « petite pimbêche ». Il apparaît dans son portrait avec une physionomie assez dure, des cheveux abondants et récalcitrants. Malgré une lettre que les religieuses lui firent porter par leur peintre et le sien, et dont tous deux s'attendrirent, il dut obéir au roi. Il arriva en rochet et en camail, précédé de la croix, accompagné de son grand vicaire, de l'Official, de ses aumôniers, et aussi du lieutenant civil, du prévôt de l'Ile, des chevaliers du guet, de vingt exempts et de vingt archers. M. d'Andilly se jeta à ses pieds, se plaignant de voir de telles scènes à soixante-quinze ans. Le prélat le releva et commença les opérations. Après des expressions de sincère regret, il nomma douze religieuses, parmi lesquelles la mère Agnès, la mère Angélique de Saint-Jean, la mère des Loges, abbesse, qui devaient partir sur l'heure pour des communautés où elles seraient prisonnières et privées des sacrements.

M. d'Andilly conduisit aux carosses amenés pour elles, sa sœur Agnès, qui pouvait à peine marcher, ses trois filles à qui il donna sa bénédiction, et les autres mères ou sœurs déportées. Cet aîné de la famille Arnauld nous est déjà apparu plusieurs fois : c'était l'homme aimable de Port-Royal, « l'ami universel ». Comme son fils, M. de Pomponne, secrétaire d'État, il était grand ami de Mme de Sévigné. Il s'était fait le jardinier du monastère, avec la spécialité des poires. Il en obtenait de si belles qu'il pouvait en faire hommage à la reine mère, aux princes, au cardinal Mazarin. Tallement des Réaux disait qu'il aimait mieux prêcher et embrasser les belles personnes que les moins jolies. Mme de Sévigné, qui l'appelait le bonhomme, le taquinait aussi là-dessus. Il faisait des vers et écrivait des *Mémoires*. Il traduisit *L'Histoire des Juifs*, de Josèphe ; *Les Œuvres*, de sainte Thérèse ; *Les Confessions*, de saint Augustin ; *La Vie des Pères du Désert*, de saint Jean Climaque, où il se montre charmant écrivain. Il aurait pu faire partie de l'Académie à sa fondation. Il y a de lui, au Louvre, un portrait daté de 1650 (il avait alors soixante ans), d'où l'on a récemment retiré son nom et qui, en effet, ressemble peu au portrait gravé qui le représente beaucoup plus âgé. Mais il y a tant de gens dont les portraits ne se ressemblent pas, surtout d'un âge de la vie à un autre, que l'on comprend mal le scrupule du conservateur. La physionomie du demi-solitaire est d'ailleurs assez insignifiante.

Il mourut à quatre-vingt-cinq ans.

C'est à Port-Royal-de-Paris qu'avait eu lieu l'enlèvement des douze religieuses.

Le monastère des Champs fut mis en interdit. Au bout de quelques mois, on y envoya les sœurs de Paris, c'est-à-dire plus qu'il n'en pouvait loger sans danger pour leur santé. Elles ne s'en souciaient guère, mais souffraient cruellement de la privation des sacrements. Le ciel leur envoya une manière d'ange dans la personne du bizarre docteur Hamon, excellent médecin, écrivain abondant, qui, avec sa douce et pieuse littérature reconforta les captives. Il fit pour elles de petits traités de théologie d'où se dégage une philosophie cousine de celle des ascètes de l'Inde. «Nous ne voyons que des apparences qui nous trompent, à moins qu'elles ne soient des images de la vérité que cette vie nous dérobe. Les sacrements mêmes ne sont que des mystères sans rien d'essentiel. » « Il n'y a point de prêtres qui nous assistent à l'agonie, nous mourons sans leur secours... Mes mères et mes sœurs me rendent les mêmes devoirs que

HARLAY DE CHAMPVALLON

d'après Morin

(Cabinet des Estampes).

les prêtres de Jésus-Christ. Quand il s'agit de rendre les derniers devoirs, tous les fidèles deviennent ministres de Jésus-Christ. »

« Vous me menacez de me priver de sépulture si je ne consens à l'oppression d'un innocent, si je ne rends un témoignage que je crois faux. Quand on méprise la vie, on ne se met point en peine de ses funérailles. On entend en tous lieux le son de la trompette. »

Ces réflexions n'avaient que trop d'à-propos. En 1666-67, il mourut cinq religieuses assistées de ses soins et de ses encouragements, en dépit de l'odieuse surveillance d'une tourière geôlière.

Le portrait du docteur Hamon, par Philippe de Champaigne, est aujourd'hui dans le cabinet du doyen de la Faculté de médecine. Tout en noir, avec un rabat de mousseline blanche, il a un visage fin dont la sévérité est atténuée par un léger sourire, des yeux perspicaces de médecin.

Port-Royal avait pour lui quatre évêques, dont le plus illustre était l'évêque d'Aleth, ce M. Pavillon qui avait été l'élève et le bras droit de saint Vincent de Paul, dans l'œuvre des Missions. Alexandre VII venait de nommer une commission de six prélats pour juger les quatre dissidents. Son successeur, Clément IX, d'humeur plus pacifique, admit la possibilité d'une conciliation. La paix de l'Église fut solennellement déclarée le 1er janvier 1668. Arnauld fut présenté au nonce, puis au roi.

La même année, Port-Royal-de-Paris et Port-Royal-des-Champs se séparèrent. Ce dernier se rouvrit aux pensionnaires, qui arrivèrent plus nombreuses que jamais. Il n'y eut plus de Petites Ecoles. Mais les Messieurs continuèrent de s'adonner aux lettres et à la piété. Nicole et Arnauld profitèrent de ces belles années pour écrire contre les protestants *La Perpétuité de la foi catholique dans l'Eucharistie*, et Nicole mit au monde ces *Essais de morale* qui transportaient Mme de Sévigné. Mais, en 1677, il eut l'imprudence de dénoncer au pape quelques propositions scandaleuses des casuistes. Louis XIV eut connaissance de sa lettre. Il avait un Jésuite pour confesseur, haïssait les Jansénistes, prenait ombrage des réunions qui se tenaient chez la seconde duchesse de Longueville, l'ancienne frondeuse, la sœur du grand Condé, fervente adepte de Port-Royal. Il venait trop de monde en visite au monastère des Champs, le grand bâtiment ne désemplissait pas.

M. de Harlay de Champvallon, archevêque de Rouen lorsque Philippe de Champaigne le peignit, devenu M. de Paris et qui savait qu'Arnauld le traitait de ministre de l'Antéchrist, fut chargé de porter le coup mortel à la pauvre maison. Ce prélat, très habile homme, qui fit faire quinze fois son portrait et dont Saint-Simon a dit « qu'il était né avec tous les talents du corps et de l'esprit et s'il n'avait eu que les derniers, le plus grand prélat de l'Église », procéda aimablement. Avec

LA CÈNE

(Musée du Louvre).

beaucoup de grâce, il fit partir les novices et les postulantes, en disant que l'on n'en recevrait plus d'autres. C'était la condamnation à mort de la communauté, qui comptait alors soixante-douze religieuses et vingt converses.

Racine et M. de Saci se trouvaient là quand M. de Harlay arriva. Il leur glissa un mot de ce qui l'amenait, entretint le poète, son confrère à l'Académie, des soixante-cinq propositions de la morale relâchée, que Rome venait de condamner sur la dénonciation des Jansénistes qui triomphaient. Il indiquait, en homme du monde, la cause de la catastrophe.

Les Messieurs se dispersèrent pour jamais. M. de Saci se retira à Pomponne, dont le maître, peu après, fut disgracié. Le Jansénisme n'y était pour rien; cependant on fit des rapprochements.

Arnauld fut prié de quitter son logement du faubourg Saint-Jacques, rendez-vous, disait-on, de tous les mécontents. Il se fixa à Bruxelles, où il continua de batailler avec la plume, surtout contre les Calvinistes. Il approuva la révocation de l'Édit de Nantes et loua le roi d'avoir pu éteindre l'hérésie dans son royaume. Malgré ce compliment et le retour de son neveu Pomponne au ministère, il ne lui fut pas permis de rentrer en France. Il mourut en 1694. Son cœur fut apporté à Port-Royal-des-Champs. Son fidèle ami, le doux Nicole, qui ne demandait qu'à vivre en paix et qui trouvait moyen de mécontenter Jésuites et Jansénistes, trépassa à Paris en 1695, dans un petit logement, place du Puits-de-l'Ermite, au milieu de ses livres et de portraits de religieuses par Philippe de Champaigne.

En 1696, la tante de Racine, mère Élisabeth de Sainte-Anne Boulard fut élue abbesse, et fut la dernière. La communauté s'éteignait. En 1705, il n'y avait plus que vingt-cinq professes; en 1707, il n'y en avait plus que dix-sept, qui connurent l'ultime excommunication de Port-Royal, et pour une triste question d'intérêt. Le monastère de Paris, qui s'était relâché au point de donner des bals dans son parloir, demandait qu'on révoquât le partage de 1679. L'Officialité lui donna raison. Les « disputeuses filles » des Champs firent opposition. On séquestra leurs biens temporels et défense fut faite de leur administrer les sacrements. Cela dura deux ou trois ans, jusqu'à ce que Louis XIV obtînt la bulle d'extinction. Cette fois, ce ne fut pas un archevêque qui opéra, ce fut M. d'Argenson. Il n'y avait plus que quinze religieuses de chœur. M. d'Argenson les mit lui-même en carrosse et les expédia une à une, ou deux par deux, dans des couvents de province, à Nevers, à Autun, à Chartres, à Meaux, une vieille paralytique jusqu'à Nantes. La plus jeune de ces exilées avait cinquante ans; il y en avait de plus de quatre-vingts ans. Celles qui ne voulurent pas signer une soumission moururent sans viatique.

MANSART ET PERRAULT

(Musée du Louvre).

On mit une sorte de rage à anéantir le monastère.
Tout fut jeté à bas, les bâtiments conventuels, l'hôtel
de Longueville, le logement des Messieurs, l'église,
en partie du XIIIᵉ siècle. Les morts mêmes furent dépos-
sédés. On put en transporter quelques-uns, réclamés
par les familles, entre autres M. de Saci, Racine, à
Saint-Étienne-du-Mont, M. de Tillemont à Saint-André-
des-Arcs. Les autres tombes, fouillées sans honte, mirent
au jour des ossements et ces restes affreux « qui n'ont
de nom dans aucune langue ».

Catherine de Sainte-Suzanne avait vu la seconde
persécution ; elle était morte en 1687, dans sa cinquan-
tième année. Si elle avait vécu jusqu'en 1710, elle
n'aurait pas été parmi les plus vieilles des exilées.

IV

ORT-ROYAL est si attachant, malgré l'antipathie qu'inspirent parfois ses vertus hautaines et stériles, que nous n'avons pu le quitter avant d'avoir achevé sa fin lamentable. Il nous faut retourner de beaucoup d'années en arrière pour voir Philippe de Champaigne autrement que dans ses portraits de religieuses et de solitaires.

En 1648, il entrait, lors de sa fondation, à l'Académie de peinture, et lui offrait un tableau, *L'Apôtre saint Philippe*, maintenant au Louvre. Bientôt nommé recteur, il abandonna ses émoluments à des artistes besogneux. Grand peintre par sa science aussi bien que par la grâce de la nature, il pouvait dire sur l'art des choses fructueuses. De là, ses conférences à l'Académie sur le Titien, sur le Poussin, auquel il reprochait d'avoir trop travaillé d'après l'antique, ce qui fâchait Lebrun.

Cet homme tendre et pieux, toujours au travail, eût été bien malheureux dans sa maison de veuf, vide d'enfants, sans la consolation que lui apporta un neveu selon son cœur, Jean-Baptiste de Champaigne, en qui ses leçons trouvèrent le meilleur des élèves. Il n'avait pu ou su réaliser son projet de voir l'Italie. En 1658, il y laissa aller Jean-Baptiste, qui fut absent un an et revint à temps pour l'aider dans la décoration des appartements du roi au château de Vincennes. Colbert, parcimonieux par principe et par nécessité, les marchanda. Il n'en eut pas moins son portrait, dont il nous reste la gravure de Morin.

Jean-Baptiste épousa la filleule et nièce (par alliance) de Philippe. Malheureusement, le ménage n'eut pas d'enfant. Jean-Baptiste entra à l'Académie, avec comme morceau de réception *Hercule couronné par la Vertu*. Il y a de ses peintures à Versailles, dans la chapelle du Château et dans le salon de Mercure.

Arrêtons-nous un moment devant ceux des tableaux du Louvre que nous n'avons pas encore cités.

C'est d'abord *La Cène*, qui fut peinte pour un retable d'autel de Port-Royal-de-Paris. Le tableau est d'une simplicité presque excessive et pour ainsi dire sans éclat,

Photo Giraudon.

LE PRÉVÔT DES MARCHANDS ET LES ÉCHEVINS DE LA VILLE DE PARIS

(Musée du Louvre).

malgré les couleurs si variées des vêtements des convives, la longue nappe blanche où il y a seulement devant le Christ un flacon de vin et le pain qu'il bénit. Il vient de parler de la trahison prochaine, et les Apôtres en sont encore tout troublés, sauf Judas, la grande figure du premier plan. Champaigne est peut-être le seul peintre qui ne l'ait pas fait hideux. D'une immobilité insolente, accoudé à la table, la main droite sur la hanche, une bourse bien remplie dans la main gauche, il est d'une beauté classique. C'est l'ange déchu qui brave son Dieu, pire encore, qui a entendu sans frémir, sans baisser les yeux, son bon maître l'accuser.

Dans la salle XIV et dans la salle XII, deux *Christ en croix*, dont le plus petit est une répétition de l'autre, de la main de Champaigne. Ils dominent l'étendue ténébreuse de la ville criminelle, du paysage tragique.

Salle XIV, un *Christ mort étendu sur son linceul*, forte étude d'anatomie qui serait mieux à sa place sur une table d'amphithéâtre.

Salle XII, les *Portraits de Perrault et de Mansard*. Perrault, en manteau gris, a le sourire spirituel qui convient bien à l'auteur de *Riquet à la Houppe* ; Mansard est sérieux, pensif, en costume noir avec col de mousseline blanche. Ils sont à mi-corps, appuyés sur une plinthe de pierre. Perrault désigne un palais tout proche. Sur la plinthe, on lit, à gauche : Mansard ; à droite : Perrault A° 1656.

Enfin, le portrait de Philippe de Champaigne lui-même.

Félibien nous dit que c'était un assez bel homme, au maintien grave et tranquille, grand et le corps un peu gros. Ce signalement est exact, mais le portrait en dit bien davantage. Les cheveux grisonnants, un peu longs, contribuent à la douceur du visage qui sourit imperceptiblement de ses yeux pénétrants, habitués à voir exactement, mais qui ne se sont jamais arrêtés sur des spectacles vils ; le nez est long ; la bouche, sérieuse, est grande ; le menton saillant sans dureté ; la peau légèrement colorée. Les mains se dégagent d'un manteau brun à col de velours ; la gauche tient un papier, avec la date 1668. Un rideau s'ouvre sur un paysage avec beaucoup de lointain et une cathédrale ; le peintre est appuyé contre un groupe d'arbres.

La collection Lacaze nous offre deux toiles importantes : *Le Président à mortier Jean Antoine de Mesmes*, magnifique spécimen, avec sa robe rouge à grandes manches doublée et bordée d'hermine et de vair (petit gris), de ce qu'on appelait sans révérence les chats fourrés ; et enfin, *Le Prévôt des Marchands et les Échevins de la Ville de Paris*, composition dure et véridique dont les personnages se guindent dans la pose. Ils devaient être fort ressemblants et restent bien anonymes. Les costumes sont noir et rouge ; le rouge s'étale abondamment sur le prévôt agenouillé près d'une

LA PRÉSENTATION AU TEMPLE

(Musée de Bruxelles).

119-120

espèce d'autel antique qu'on ne s'attendrait pas à voir sous le Christ en croix, devant la tenture bleue à fleurs de lys d'or de la pièce somptueuse. A genoux aussi les échevins, dont le visage ne manifeste rien.

Tout ce qui, de l'œuvre considérable de Philippe de Champaigne a été dispersé, égaré, enfoui dans des châteaux reculés, dans des chapelles sombres et inabordables d'églises, n'est pas perdu. Sa pensée a été en grande partie conservée par d'excellents graveurs : Jean Morin, Robert Nanteuil, Gérard Edelink, Piteau et d'autres. Il leur arrive de se permettre des fantaisies, d'ôter ou d'ajouter un meuble, un paysage, mais il n'y a qu'à admirer dans les portraits dont nous avons cité plusieurs, et dans *Antoine Vitré*, l'imprimeur d'Arnauld, *Anne d'Autriche*, *Arnauld d'Andilly*, très vieux, *Turenne*, *Omer Talon*, *Michel de Marillac*, *Le Bouthillier de Chavigny*, *Le Maréchal de Villeroy*, et tant d'autres...

Des toiles importantes sont allées enrichir des musées de province. Il en est dans quelques églises de Paris, mais si mal éclairées ou placées, qu'elles sont pour ainsi dire perdues. Voir, par exemple *Saint-Bernard en extase* et la *Manne dans le Désert*, à Saint-Etienne-du-Mont.

Les musées de l'étranger sont bien pourvus, et tout d'abord Bruxelles, qui possède, 1º une *Présentation au Temple*, provenant de l'église des Carmélites (même sujet au musée de Dijon) ; 2° *Saint Ambroise et saint Étienne*, provenant de l'église Saint-Germain-l'Auxerrois, à Paris ; 3° *Sainte Geneviève et saint Joseph*, provenant de l'église Saint-Séverin, à Paris. Enfin, un portrait de l'artiste, copie, par Jean-Baptiste de Champaigne.

La *National Gallery* a une répétition du grand Richelieu du Louvre, et trois études pour un sculpteur : la face et les deux profils.

Les Offices de Florence ont un portrait de Nicolas Fouquet, le surintendant des finances, voleur sympathique, dont La Fontaine, M. de Pomponne et Mme de Sévigné ne rougissaient pas d'être les amis.

Le Louvre possède plusieurs dessins, entre autres le portrait de Jean-Baptiste de Champaigne, qui est si vivant, avec de si beaux yeux.

Champaigne a fait des frontispices, pour *La Fréquente Communion*, pour *Le Nouveau Testament de Mons*, pour un Office en latin et en français, etc.

Cette vie si bien remplie s'acheva en paix. L'*Obituaire* de Port-Royal contient cette mention :

« A la date du 12 août 1674, mourut à Paris Philippe de Champaigne, peintre célèbre, lequel n'a pas été moins considérable par sa vie chrétienne que par son art. Il nous a laissé quantité de marques de son affection, ayant donné à ce monastère plusieurs tableaux de piété et nous a légué six mille livres. »

Catherine de Sainte-Suzanne, qui avait une écriture admirable, rédigea souvent des articles de ce nécrologe.

Demeurant rue des Ecouffes, Philippe de Champaigne fut enterré à Saint-Gervais. L'église n'a pas gardé son nom. L'emplacement de la maison est indiqué par une plaque commémorative.

BIBLIOGRAPHIE

BIBLIOGRAPHIE

BLANC (Charles). — *Histoire des Peintres de toutes les Écoles*, Paris, 1862.

CHAMPIER (Victor) et SANDOZ (Roger). — *Le Palais Royal*, 2 vol. grand in-8°, Paris, 1900.

FÉLIBIEN. — *Entretiens sur la Vie et sur les Ouvrages des plus excellents Peintres.* Paris, 1665-1685, 2 vol. in-4°.

FÉTIS. — *Les Artistes belges à l'étranger.*

GAZIER (A.). — *Philippe et Jean-Baptiste de Champaigne*, Paris, 1893, 1 vol. in-8°.

MICHEL (André). — *Histoire de l'Art*, Paris, 1905.

SAUVAL. — *Recherche des Antiquités de Paris*, 1724, 4 vol. in-folio, liv. VII.

SIRET. — *Dictionnaire des Peintres de toutes les Écoles.*

Mémoires inédits sur la Vie et les Ouvrages des membres de l'Académie de Peinture, d'après les manuscrits conservés à l'École des Beaux-Arts, publiés par MM. L. Dussieux, E. Soulié, Ph. de Chennevière, H. de Montaiglon.

STEIN (Henri). — *Philippe de Champaigne et ses relations avec Port-Royal*, Paris, 1891.

TABLE DES ILLUSTRATIONS

TABLE DES ILLUSTRATIONS

TABLE DES CHAPITRES

TABLE DES CHAPITRES

IMPRIMERIE ORLÉANAISE, 68, RUE ROYALE, ORLÉANS (FRANCE)

MAITRES ANCIENS
ET MODERNES

Sous la direction de

GUSTAVE GEFFROY

Président de l'Académie Goncourt, Administrateur de la Manufacture Nationale des Gobelins.

La série de monographies des *Maîtres anciens et modernes*, dont la direction a été confiée à l'éminent auteur de la *Vie artistique* et des *Musées d'Europe*, s'adresse à la fois au grand public et aux amateurs.

1. CAMILLE MAUCLAIR :
⋄ **LÉONARD DE VINCI**
2. J.-H. ROSNY jeune :
⋄ ⋄ ⋄ **FRANS HALS**
3. Louis ANQUETIN :
⋄ ⋄ ⋄ ⋄ ⋄ **RUBENS**
4. GUSTAVE GEFFROY :
⋄ ⋄ ⋄ ⋄ ⋄ ⋄ **COROT**
5. OCTAVE UZANNE :
⋄ ⋄ **PIETRO LONGHI**
6. MAXIMILIEN GAUTHIER :
⋄ ⋄ ⋄ ⋄ ⋄ **A. DURER**
7. ÉDOUARD CONTE :
⋄ ⋄ ⋄ ⋄ ⋄ **RIBERA**
8. LÉON BOCQUET :
⋄ ⋄ **DAVID TÉNIERS**
9. TRISTAN KLINGSOR :
⋄ ⋄ ⋄ ⋄ ⋄ **CHARDIN**
10. MARCELLE VIOUX :
⋄ ⋄ ⋄ ⋄ **MEMLING**
11. TH. HARLOR :
BENVENUTO CELLINI
12. NICOLETTE HENNIQUE :
⋄ ⋄ ⋄ ⋄ ⋄ ⋄ **OUDRY**
13. ALICE MEUNIER :
⋄ ⋄ ⋄ ⋄ ⋄ **GIOTTO**
14. Mᵐᵉ STANISLAS MEUNIER :
PH. DE CHAMPAIGNE

15. GEORGES LECOMTE :
⋄ ⋄ ⋄ ⋄ **A. BESNARD**
16. J.-H. ROSNY aîné :
⋄ ⋄ ⋄ ⋄ ⋄ **TURNER**
17. HENRI FOCILLON :
⋄ ⋄ ⋄ ⋄ ⋄ **RAPHAËL**
18. MAURICE FENAILLE :
⋄ ⋄ ⋄ **F. BOUCHER**
19. CHARLES LÉGER :
⋄ ⋄ ⋄ ⋄ ⋄ **COURBET**
20. Louis GILLET :
⋄ **NICOLAS POUSSIN**
21. JUDITH CLADEL :
⋄ ⋄ ⋄ **REMBRANDT**
22. HENRY CÉARD :
⋄ ⋄ ⋄ ⋄ ⋄ **GAVARNI**
23. MARIUS-ARY LEBLOND :
⋄ ⋄ **ODILON REDON**
24. HENRI BÉRAUD :
⋄ ⋄ **FRA ANGELICO**
25. PAUL LÉON :
⋄ ⋄ ⋄ ⋄ **MANSART**
26. YVANHOË RAMBOSSON :
⋄ ⋄ ⋄ ⋄ **REYNOLDS**
27. THIÉBAULT-SISSON :
⋄ ⋄ ⋄ ⋄ **WATTEAU**
28. PIERRE DE NOLHAC :
⋄ ⋄ ⋄ ⋄ **FRAGONARD**
ETC..., ETC...

Chaque volume orné de **24** illustrations hors texte, et sous couverture illustrée d'un portrait de l'auteur (format 14 × 18). . . . . **10** francs.